L'IMPOT FONCIER

ET LES

DROITS-RÉUNIS

PAR

J. SABBATIER.

2ᵉ ÉDITION. — PRIX : 25 Centimes.

Le même sujet a été mis à la portée de toutes les intelligences dans une brochure du même auteur, intitulée : *Petite Conversation entre M. Gaspard, maître d'école du village d.....*, *et Jean Blaise, vigneron du même village, le dimanche .....* *1849, à la sortie de la grand'messe.*

Riom,

IMPRIMERIE DE E. LEBOYER, LIBRAIRE.

PARIS,

MARTINET, rue du Coq. | GARNIER FRÈRES, Palais-National.

DUTERTRE, passage Bourg-Labbé.

1849.

L'IMPÔT FONCIER

et les

DROITS-RÉUNIS

par

A. GARNIER.

2e ÉDITION. — PRIX : 25 Centimes

PARIS

IMPRIMERIE DE E. GIRAUD, LIBRAIRE

A MES AMIS DE RIOM.

Messieurs,

Au moment où les camps électoraux se dressent, où les professions de foi s'élancent de toutes les tribunes et de toutes les imprimeries, où les ambitions, les vanités se mettent en campagne, se croisent, se coalisent ou se déchirent impitoyablement pour faire triompher ou échouer tel candidat, et, par là, contribuer à faire prévaloir ou à renverser telle forme de gouvernement, permettez-moi de vous dire le secret de cette grande agitation qui n'est que le nouveau symptôme d'un mal déjà très-ancien, mais très-sérieux, et qui s'aggrave tous les jours au point de devenir incurable, je veux parler de la misère. Oui, la misère, ce monstre hideux dont le fantôme nous poursuit sans repos. Soyons justes : qui de nous songerait tant à exploiter les gouvernements, si chacun de nous pouvait vivre de son revenu ou de son travail ? Tous ces drapeaux que vous voyez flotter dans l'air, et sur lesquels vous lisez : EMPIRE ! RÉGENCE ! RESTAURATION ! ne sont que des emblêmes trompeurs ; leur véritable signification, le vrai mot de l'énigme est : « J'ai peur d'avoir faim, et je veux à tout prix un » gouvernement qui me donne des places, c'est-à- » dire du pain. »

J'ai souvent recherché les causes de cette triste situation, j'en ai trouvé plusieurs. L'impôt m'a paru la principale, et je crois devoir, Messieurs, vous en apporter la preuve, afin de vous aider à faire tomber des masques, à dissiper des illusions, à percer à jour des intrigues plus dignes encore peut-être de pitié que de blâme. Un aperçu de cette nature ne saurait vous venir plus à propos qu'à la veille des élections générales, ne saurait vous inspirer plus de confiance que de la part d'un homme qui ne prétend à rien, qui croit même devoir décliner aujourd'hui l'honneur de vos suffrages, d'un homme dont la sincérité vous est personnellement connue, et dont le dévouement à son pays ne sera suspecté par personne.

Voici donc notre situation.

Propriété immobilière [1].

Le domaine agricole de la France est de 40 millions d'hectares [2].

Chaque hectare étant porté en valeur à 1,145 fr., et en revenu à 45 fr., l'estimation de la propriété foncière est de 45 milliards de francs.

Le revenu brut en est de six milliards. Le revenu net, de 1,800 millions.

CHARGES DIVERSES.

Les charges de la propriété se composent non-seulement des quatre contributions directes, de sa part afférente dans les droits d'enregistrement, de timbre, etc., mais encore de cette myriade d'impôts sur le sel, le vin, la viande, etc., que l'on comprend sous la désignation générale d'*impôt de consommation*.

Ces impôts réunis s'élèvent, pour la propriété, à . . . . 728 millions.

La dette hypothécaire, dont le capital était de 13 milliards au 1er juillet 1842, lui coûte un intérêt de. . . . . 650 millions.

Il est inutile de faire remarquer que les hypothèques inscrites sans causes légitimes, sont compensées et au delà par les hypothèques occultes. J'ajouterai

---

(1) Les quelques pages qu'on va lire ont été puisées à des sources très-diverses mais sûres. Les travaux de M. Mauguin m'ont été d'un immense secours, et je dois à son obligeante amitié plusieurs documents inédits.

(2) La propriété bâtie en occupe 264,480, et porte, depuis la cabane jusqu'au palais, 7 millions d'édifices payant au principal de la contribution foncière 35 millions de francs.

que la dette hypothécaire augmente annuellement de 154 millions. J'aurais donc pu sans exagération la porter à 14 milliards au moins ; mais, pour ne pas m'écarter des chiffres officiels dont les plus récents remontent à 1842, je la laisse à 13 milliards.

L'hypothèque et les impôts divers coûtent donc annuellement à la propriété. . .   1,378 millions.

Il faut mettre aussi à sa charge la contribution qu'elle paye aux ti-tulaires d'offices : avoués, avocats, huissiers, etc., encore. . . .   100 (1)

Total . .   1,478

Restent libres.   322

On compte en France 5 millions de familles vivant de la terre. Or, 322 millions divisés au marc le franc par 5 millions, donnent au quotient 57 fr. 50 cent.

Sur ces 322 millions ou ces 57 fr. par famille, la propriété doit faire encore la part de l'usure, ou de sa dette chirographaire, par actes privés ou par actes de commerce, dont le chiffre ne peut être connu, mais dont l'intérêt, évalué de 7 à 8 p. 0/0, dépasse quelquefois 10 et 15.

Est-ce tout ? Pas encore.

La propriété a des charges communales ; elle sup-porte des sinistres de toute nature : inondations, sécheresse, grêle, incendies, pertes de bestiaux, procès, faillites, réparations de bâtiments, entretien de son personnel, éducation de ses enfants, etc. etc.

Est-ce avec 322 millions, ou 57 fr. par famille, qu'elle peut faire face à tant de charges ? Non certes.

Comment fait-elle donc pour vivre ? Le voici :

La grande propriété se tire aisément d'affaire ; la propriété moyenne vit des carrières libérales, des offices ministériels et du budget ; et si tout cela lui manque, elle s'endette et change de mains. La petite propriété vit du revenu brut de la terre, de ce qui se

---

(1) Ce chiffre étonnera, mais il est exact ; je l'emprunte à M. d'Audiffret.

produit dans la chaumière et ne se vend pas ; en d'autres termes, elle ne meurt pas tout-à-fait de faim, pourvu qu'elle travaille depuis le point du jour jusqu'à la nuit, qu'elle mange du pain noir, ne boive que de l'eau, et soit à peine vêtue d'habits grossiers qu'elle façonne elle-même ; pourvu qu'elle vive, en un mot, comme nos philanthropes ne permettraient sûrement pas que les pensionnaires de Brest et de Rochefort fussent condamnés à vivre.

Eh bien ! ce qu'on ne voudra pas croire, une situation plus misérable encore peut-être, c'est celle de la propriété moyenne ou de la bourgeoisie, qui, ayant plus de besoins que de revenu, et ne voulant pas travailler de ses bras, encombre toutes les carrières libérales, fournit dix fois plus d'avocats qu'il n'y a de causes, de médecins que de maladies, d'architectes que de maisons à construire. La pénurie où elle se trouve amène le déclassement de ses malheureux titulaires, les contraint à s'abattre sur les emplois publics comme sur une proie, et les rend à leur insu les principaux fauteurs de nos perturbations politiques. Aussi cette classe de propriétaires disparaît-elle avec une effrayante rapidité. L'hypothèque et l'usure sont là qui l'enserrent et la dévorent. Tous les ans les ventes volontaires ou forcées dépassent le chiffre de 1,500 millions de capital, en procurant au trésor au delà de 170 millions de droits.

La grande propriété, devenue déjà fort rare, a aussi deux causes principales de décadence qui la diminuent chaque jour et la menacent dans un prochain avenir d'une ruine inévitable et complète. Ces deux causes sont les partages, qui ont atteint aujourd'hui le chiffre de 500 mille, et les majorités précoces, au moyen desquelles nous voyons dissiper si vite, de l'âge de 21 à 25 ans, les plus riches patrimoines. On a remarqué qu'une fois détruites, les grandes fortunes ne se reconstituaient plus.

De tout cela il résulte que, dans quelques années, la propriété tout entière sera passée aux mains de ceux qui la cultivent, et nous venons de dire quel est le sort de la petite propriété, succombant sous le poids des charges publiques, des fléaux, des accidents imprévus, des piéges et des embûches de l'usure et de la mauvaise foi.

Cette situation nouvelle sera-t-elle meilleure ou plus mauvaise pour la nation ? Je n'en sais rien ; car plus de grandes fortunes, plus d'hommes de loisir, par conséquent plus de fortes études possibles ; mais ce dont je suis sûr, c'est que ce sera toute une révolution sociale, et qu'il n'y aura alors que deux formes de gouvernement possibles : ou la République qui, réunissant en faisceau ces éléments affaiblis d'un grand peuple, pourra leur donner une force et une puissance jusqu'alors inconnues ; ou le despotisme du sabre qui les écrasera. Il faudra choisir, et il est temps d'y songer.

Propriété mobilière.

La propriété mobilière de la France vaut de 40 à 45 milliards, à peu près autant que la propriété immobilière. Nous avons vu que la propriété immobilière, outre ses charges particulières, payait tous les ans 1,478 millions. Combien la propriété mobilière ? — 128 millions.

Le propriétaire foncier n'a pas assez de revenus pour vivre Il est obligé de s'endetter pour acquitter l'impôt. Mais le banquier, le joueur de bourse, l'usurier, le rentier, l'officier ministériel nanti d'un privilége, ne payent rien ou presque rien. Pourquoi ? parce que les auteurs des lois qui nous régissent ont été en majorité des banquiers, des joueurs de bourse, des usuriers, des rentiers, des avocats, des médecins ou de grands propriétaires, qui ne faisaient grâce à aucune petite cote, afin d'alléger d'autant les grandes.

L'inégalité entre les deux richesses nationales est plus choquante encore que ne l'indique la proportion déjà si énorme de 1,478 à 128. La propriété mobilière peut changer de mains dix fois, vingt fois par an, sans avoir une obole à payer an trésor ; la propriété immobilière, au contraire, ne saurait faire un pas sans rencontrer le timbre, l'enregistrement, le notaire, l'avoué, l'huissier, etc. Et voilà l'égalité devant l'impôt que nous ont faite les éligibles à 1,000 et à 500 francs nommés par les électeurs à 500 et à 200 francs ! Etonnez-vous, après cela, que tant de gens conspirent contre la République ! Ne faut-il pas qu'ils sauvent à tout prix de son niveau ce beau régime du privilége moderne qui ne parque plus, il est vrai, la nation en nobles et en vilains, mais qui la parque en exploitants et en exploités, taillables et corvéables à merci comme les vilains d'autrefois.

PUY-DE-DOME.

Il n'est pas sans intérêt de chercher, dans cette situation générale, la situation particulière du département du Puy-de-Dôme ; la voici :

Propriété foncière, 797,238 hectares, en chiffre rond 800 mille (le 50ᵉ de la France).

Valeur en francs, 910 millions ;

Revenu brut, 120.

Revenu net, 90 millions.

Impôts divers,	14,560,000	
Dette hypoth.,	13,000,000	29,560,000
Officiers min.,	2,000,000	

Reste pour les charges div.   60,440,000

A peu près 50 fr. par famille.

Ce chiffre, basé sur l'impôt des quatre contributions directes, sur l'enregistrement, sur le timbre, etc., ne pourrait manquer d'exactitude qu'à l'égard de quelques fractions imperceptibles pour lesquelles, faute de documents officiels, j'ai été obligé de prendre des moyennes. Or, il en résulte que le Puy-de-Dôme payerait environ 7 fr. par famille de plus que la moyenne générale de la propriété en France. Le Puy-de-Dôme serait-il donc l'une des contrées les plus riches de la République ? Non ; c'est un département agricole, par conséquent l'un des plus pauvres, puisque la propriété foncière paye 7, tandis que la propriété mobilière ne paye que 3.

Sur 600 mille habitants, le Puy-de-Dôme n'en compte pas sept mille qui se livrent à l'industrie; savoir :

Patentés,	2,276
Hommes	1,741
Femmes } employés dans les manufactures,	719
Enfants	1,529
Total,	6,265

La preuve la plus palpable de la pauvreté d'un pays agricole, c'est la masse des petites cotes proportionnellement au petit nombre des grandes. Le département du Puy-de-Dôme présente le curieux tableau que voici :

Cotes au-dessous de 5 francs.				113,695
— de	5 f. à	10 f.		37,885
— de	10 à	20		32,290
— de	20 à	30		14,840
— de	30 à	50		12,752
— de	50 à	100		8,694
— de	100 à	300		4,271
— de	300 à	500		706
— de	500 à	1000		348
— de	1000 et au-dessus,			91
Total des cotes,				225,572

Ajoutons enfin que, eu égard à sa superficie, le département du Puy-de-Dôme est l'un des plus peuplés qu'il y ait en France, et par conséquent l'un des plus écrasés par l'impôt. Et cependant le fisc en trouva-t-il jamais un plus docile? Quel autre point du territoire a-t-il, pendant 30 ans, envoyé aux Chambres des députés plus complaisants, et les a-t-il vus revenir plus *satisfaits?*

Propriété vinicole.

Le domaine vinicole de la France est en chiffre rond de 2 millions d'hectares.

Il est possédé par 2 millions de propriétaires (1).

Il occupe et nourrit 8 millions d'habitants, presque le quart de la nation.

Sa production est de 43 millions d'hectolitres.

Son revenu brut en vins et en eaux-de-vie, de 478 millions de francs,

Son revenu net de 145 millions.

Il supporte, outre l'impôt foncier, l'impôt des patentes et les impôts indirects connus sous les noms de droit de circulation, droits d'entrée et d'octroi, droit de détail, de consommation, etc., etc.

Les statistiques officielles ne fournissent aucun document sur l'impôt foncier en ce qui concerne la vigne. Tous ceux qui ont écrit sur la matière portent cet impôt de 30 à 40 millions, et ce chiffre n'a rien d'exagéré, puisque dans certains départements, notamment dans la Côte-d'Or, les vignes de 1re classe payent 72 francs, et celles des classes inférieures 36 francs. Mais pour prévenir tout reproche d'exagération et avec la certitude de rester très-au-dessous de la vérité, je me sers de l'évaluation fournie par l'administration des contributions indirectes à la Commission de l'Assemblée nationale chargée de présenter un rapport sur les boissons.

La Vigne paye donc :

1° A l'impôt foncier, à raison de 10 francs l'hectare. . . . . 20 millions.

2° Aux patentes. 5

3° Aux licences. 4

Aux impôts indirects :

4° Sur les vins. 59

5° Sur les alcools. 25

6° Au timbre de 10 cent. (décime de guerre) 3

TOTAL......... 141 millions.

---

(1) J'emprunte la plupart de mes chiffres à MM. de Chabrol, Mauguin, Dezeimeris, de Mosbourg, de La Grange, etc., et à la Statistique générale publiée par M. le ministre du commerce.

Il est vrai que les taxes indirectes ne frappent pas seulement la propriété, qu'elles frappent la consommation, c'est-à-dire tout le monde. Mais il est incontestable aussi que plus l'impôt pèse sur une denrée, moins cette denrée trouve de débouchés, et que le producteur, pour s'en défaire, est obligé de la livrer au-dessous du prix de revient : c'est toujours frapper la propriété.

Voici par exemple un hectare de vigne situé en Languedoc. Cet hectare coûte en façons diverses, en échalas, en frais de vendanges et de cuvées, en réparations de futailles, etc. . . . . . 166 fr.

Il paye à l'impôt. 10

TOTAL....... 176 fr.

Il produit 20 hectol., soit 9 pièces de 225 litres. Or chacune de ces pièces vendue à Paris, paye d'impôt. 46 fr.

La futaille, le transport, les menus frais et le bénéfice de l'intermédiaire, au moins autant. 46 fr.

En tout : 92 fr.

Combien reste-t-il au vigneron ? 8 fr. par pièce, ou 72 fr. par hectare. Et quand le vin ne se vend que 6 francs l'hectolitre, ce qui arrive, quelle est la situation du vigneron ? D'avoir travaillé d'un bout de l'année à l'autre pour perdre 46 fr.

La vigne qui représente le 25ᵉ du domaine imposable, fournit plus du 6ᵉ de l'impôt. Ceci ressemble à un paradoxe, en voici la preuve : Les recettes ordinaires de 1846 ont été de 1,340 millions, mais les recettes du trésor ne se composent pas seulement du produit de l'impôt. L'État est propriétaire et industriel : il a des domaines, des forêts, le monopole des tabacs, des postes, des poudres ; il prélève des amendes et des confiscations, etc. Or, tout cela lui a produit, en 1846, 532 millions. L'impôt n'a donc été que de 308 millions sur lesquels les vignes en ont payé directement ou indirectement 141.

141 millions d'impôt perçus sur un produit dont le revenu brut est de 478, et le revenu net de 145 ;

voilà certes un chiffre exorbitant. Eh bien ! ce n'est rien encore, car l'impôt ne porte pas, comme on pourrait le croire, sur la totalité de la production qui est de 43 millions d'hectol., mais sur 22,600,000 seulement, c'est-à-dire sur la moitié, le reste échappant au fisc par la fraude. En sorte que ce n'est plus le sixième, mais le tiers de l'impôt total que la vigne supporte, et plus de la moitié de la valeur de son produit.

Mais du moins ces 22 millions d'hectolitres sont-ils des premiers crus, et l'impôt est-il payé par les riches qui le consomment ? Non, les vins de 1re qualité sont en grande partie exportés. Ceux qui payent cet impôt, en presque totalité, sont les plus communs, ce sont ceux qui se vendent au plus bas prix, ceux que boit le pauvre, ceux par conséquent qui devraient payer le moins.

Les charges odieuses qui pèsent sur la vigne ont pour conséquence d'empêcher la production et la consommation d'une denrée indispensable à la santé, et d'organiser au sein du pays, sous la protection de la loi inintelligente, la fraude, c'est-à-dire l'empoisonnement et le vol. Les 22 millions d'hectolitres qui échappent au fisc sont un vol au préjudice de l'Etat. On évalue, pour Paris seulement, à 500 mille hectolitres la quantité de vin qui se fabrique avec l'alcool, du vinaigre, du bois de campêche et de l'eau de puits. Ce double crime enlève aux vignerons la vente d'une quantité égale de vin qui reste dans leur cave. Perte pour eux, 5,500,000 fr.; perte pour l'Etat, 10 millions.

Je ne mentionne que pour mémoire les victimes dont cet ignoble trafic peuple annuellement les cimetières. La falsification, le coupage des vins, les mélanges de toute sorte ont fait de tels progrès depuis quelques années, organisé un tel brigandage dans le commerce, qu'il n'est presque plus possible de savoir ce que l'on achète à Paris. Et comme tout doit être odieux dans cet impôt, que je n'hésite pas à appeler un crime de l'*Empire* (1) , sa perception coûte 20 p. 100 de sa valeur , 20 millions appliqués à l'entretien d'une armée de 8,000 commis dont l'affreux métier est d'aller fouiller à toute heure du jour et de la nuit dans la cave , dans le grenier , dans le lit du débitant, jusque dans le berceau de ses enfants ; souvent même ils exercent la même inquisition chez les malheureux voisins de ce débitant.

Quand vous avez ensemencé un champ , l'impôt payé, votre récolte vous appartient ; mais si vous êtes propriétaire d'une vigne, la récolte ne vous appartient pas ; vous ne pouvez y toucher , vous ne pouvez la déplacer sans une permission , sans un passeport qui se paye : et si malheureusement vous ne l'enlevez pas à l'heure prescrite, si un orage inopiné a rendu impraticable une partie du chemin qui vous a été tracé, à l'instant un procès-verbal est dressé , et vous êtes passif de l'amende, quelquefois de la confiscation. Si votre vin a coulé , c'est bien pis, vous perdez tout , mais vous devez dix francs d'impôt de consommation pour l'avoir laissé boire à la terre.

Que vous achetiez une maison , cette maison une fois payée vous appartient en toute propriété. Il n'en est pas ainsi du vin que vous achetez pour le revendre ; vous n'en êtes que le propriétaire à moitié ; la régie en est co-propriétaire avec vous. Vous avez acquitté les droits de circulation , les droits d'octroi et d'entrée ; le vin est dans votre cave, et vous devez encore ce qu'on appelle le droit de vente. Et ce droit de vente n'est pas calculé sur la valeur vénale de la marchandise , sur le prix que vous avez déboursé, il est calculé sur sa valeur augmentée de tous les frais que vous avez payés ; en sorte que plus vous avez donné , et plus vous devez. La régie est comme la sangsue :

Non missura cutem, nisi plena cruoris hirudo.

---

(1) Les droits réunis sont d'invention impériale , ils ont été créés en 1806.

Puy-de-Dôme.

Nombre d'hectares plantés en vignes, chiffre rond, 27 mille (à peu près le 71e du domaine vinicole de la France).

Ces 27 mille hectares occupent et nourrissent 110 mille habitants (plus du 6e de la population).

Ils produisent 530 mille hectolitres.

Leur revenu brut est de 5 mil. 800 mille fr. (1).

Leur revenu net de   1950   » »

Ici s'arrêtent mes données officielles locales. Pour connaître les charges de la vigne dans le Puy-de-Dôme, je suis obligé de prendre, eu égard à sa culture, la moyenne générale des impôts divers qui pèsent sur cette seconde branche de la production française.

Or ces impôts étant de 141 millions, la part afférente au Puy-de-Dôme est de 2 millions, plus que son revenu net. D'où il suit que pour l'impôt sur les vins, comme pour l'impôt foncier, il n'est peut-être pas dans toute la République de département aussi maltraité que celui-là.

Dette publique.

L'impôt nous écrase, nous ronge , nous dévore sous toutes les formes. Il faut à tout prix y mettre un terme. Un dernier rapprochement fera saisir d'un seul coup-d'œil tout ce que notre situation financière et par conséquent politique a d'effrayant. Dans les plus mauvais jours de l'Empire le budget ne dépassa jamais le chiffre de 750 millions , sous la Restauration il s'est élevé à un milliard , mais du moins les recettes couvraient tant bien que mal les dépenses.

Il était réservé au gouvernement à bon marché de Louis-Philippe de le porter à plus de 1,500 millions, et de le montrer constamment soldé par un déficit annuel. Ces excédents étaient ordinairement colorés de divers prétextes sous forme de titres , tels que budgets annexes, supplémentaires, complémentaires, crédits spéciaux ouverts par ordonnances royales

(1) **La statistique du Ministère du Commerce dit 6,982,104 fr. C'est entre son chiffre et le mien un** million de différence. Cette différence vient de ce que la statistique donne aux vins d'Auvergne une valeur vénale de 13 francs l'hectolitre, tandis que je conserve la moyenne générale du prix des vins en France que tous les publicistes fixent à 11 fr. Je n'ai pas cru devoir faire une exception en faveur des vins d'Auvergne qui ne sont pas de première qualité et qui se vendent si difficilement, faute de voies de communication. Voici au surplus, pour ceux qui désireraient les connaître, les chiffres de la statistique :

	Nombre d'hectares.		Hectolitres par hectares.		Par arrondissement.	Prix moyen de l'hectolitre.		Valeur en francs.		Total par arrondissement.
CLERMONT.	13,462	» »	20	44	275,225	13	10	267	75	3,605,448
ISSOIRE	8,597	33	20	» »	167,925	13	» »	260	» »	2,182,999
RIOM	3,482	45	15	77	54,935	15	25	246	50	837,759
THIERS	2,188	34	17	77	38,896	9	15	162	60	355,898
TOTAUX ET MOYENNES . .	27,530	12	19	51	536,979	13	» »	253	65	6,982,104

dans l'intervalle des sessions, et toujours ratifiés par des chambres complices ou corrompues, composées en majorité de fonctionnaires parties prenantes dans le gaspillage ainsi régularisé. Ces excédents, malgré l'extension démesurée du produit des impôts, ont souvent dépassé 200 millions par an.

Est-ce tout enfin ? Non, pendant que le budget et le déficit se sont accrus d'année en année, la dette publique s'est aussi accrue d'année en année.

Les chiffres *officiels* que je vais produire ont une éloquence qui me dispensera de tout commentaire. Je me permettrai seulement d'insister sur le contraste entre les *faits* et les *sommes* que présentent les résultats financiers des trois grandes époques qui séparent 1789 de 1848.

La 1re, de 1789 à 1814, a été l'une des plus fécondes et des plus brillantes de notre histoire nationale, elle n'a pas coûté un milliard en un quart de siècle.

La 2e, de 1814 à 1830, a dû, il est vrai, supporter les charges des revers qui l'ont précédée ; mais à l'aide des immenses ressources que possédait la France, elle a pu y faire face, et, de plus, reconstruire les grandes fortunes nobiliaires, autant par son puissant patronage, en leur concédant les hauts emplois, que par ses imprudentes largesses ; près de trois milliards ont été consacrés à cette double destination.

La 3e, de 1830 à 1848, la plus pâle, la plus stérile en pages honorables, la plus cynique en corruption, en couardise, en négation des vœux et des droits du peuple, à qui elle devait tout, a contracté près de deux milliards de dettes, consommés en vains efforts pour recouvrer le pouvoir absolu, par l'abrutissement du caractère national qu'elle s'est constamment efforcée de renfermer dans la satisfaction des appétits matériels.

Et voilà comment la France se trouve sous le poids d'une dette d'environ 6 milliards dont le peuple paye l'intérêt annuel.

En 1789, la dette de l'Etat s'élevait en capital
à . . . . 127,800,000 fr.
Pendant la révolution elle
s'augmenta de. 47,000,000
____
Total 174,800,000 fr.

Mais par la création du grand livre, en annulant
environ 50 millions de rentes dues, tant aux émigrés
qu'aux établissements de main-morte, et aussi représentant la valeur des charges de judicature et autres, on réduisit toute la dette de l'Etat au tiers qui
fut consolidé en rentes cinq pour cent.

Le grand livre fut donc ouvert avec 41,717,637 fr.
de rentes.

Soit en capital, 834,352,749
Pendant le Consulat et l'Em-
pire la dette fut augmentée de 431,800,000 (1)
____
Total au 1er avril 1814. 1,266,152,740 fr.

Il n'est donc pas exact de dire, comme le fait
M. Goudchaux dans le rapport de la commission du
budget des recettes pour 1849 :

« En 1814 la Restauration avait trouvé la France
» épuisée par des guerres qui avaient fait rayonner
» son nom d'une gloire sans rivale, mais aussi qui
» avaient ruiné ses finances. Le trésor avait dû dis-
» poser de ses dernières ressources pour faire face
» aux besoins de 1815. »

Sans doute, l'Empire avait laissé une énorme li-
quidation à faire, on ne l'évalue pas à moins de 800
millions ; de plus, il a fallu subir les charges de deux
invasions, environ 1,500 millions Mais quand ces-
serons-nous donc d'attribuer au gouvernement le
mérite du dévouement et des sacrifices? Qui donc,
si ce n'est le peuple, a payé non-seulement les char-

____

(1) Cette somme est inférieure à la dépense que nous a
occasionnée la velléité belliqueuse de 1840, sous le ministère
Thiers.

ges, mais encore les actes de munificence ? Un milliard aux émigrés, 30 millions de dettes contractées par Louis XVIII à l'étranger, 80 millions pour replacer Ferdinand VII sur le trône d'Espagne, 12 millions avancés à cette puissance, et tant d'autres dépenses qui par leur multiplicité offriraient une trop longue énumération. Je me borne à citer les deux vols commis avant et après 1830, par deux caissiers du trésor et montant à près de sept millions.

Le résumé de cette période, malgré le fonctionnement illusoire de l'amortissement sur la dette, a vu cette plaie rongeuse s'accroître de 2,722,191,420 fr. dont les deux tiers, il est juste de le déclarer, ont été motivés par des causes indépendantes du gouvernement de la Restauration.

Mais comment justifier l'augmentation qui s'est produite sous le gouvernement de Louis-Philippe à travers les plus impudentes assertions d'une prospérité inouïe ?

Les fortifications de Paris,

200 millions de liste civile à l'homme qui, par sa fortune personnelle, était déjà le plus riche propriétaire de France;

Un ministère de la guerre, dont les dépenses en pleine paix à tout prix s'étaient accrues de 214 millions en 1829 à 371 millions en 1847, et avec un budget ayant atteint le chiffre énorme de 1,600 millions.

Accroissement sous Louis-Philippe . . . . 1,630,943,260 fr.
Report du 1ᵉʳ avril 1814. 1,266,152,740
Id. du 1ᵉʳ août 1830. 2,722,191,420
Total de la dette au 24 février 1848. 5,619,287,420

D'après un calcul récemment publié sur les divers Etats de l'Europe, et que je crois au-dessous de la vérité, la part de chaque Français dans la dette publique serait de 140 fr. 84 c., et mettrait à sa charge un impôt annuel de 42 fr. 30 c.

Conclusion.

Pour un Etat comme pour un citoyen menacé d'une catastrophe financière, il n'est que deux moyens de salut : augmenter ses recettes, ou diminuer ses dépenses. — La France peut faire l'un et l'autre ; mais comme il est plus prudent d'économiser que de compter sur des ressources aléatoires, elle doit commencer par les économies, non point par les ridicules réductions du budget qui n'ont pour résultat que d'entraver les services ou de frapper de malheureux employés déjà insuffisamment rétribués, mais par une réforme radicale de toute notre administration, en coupant à pleine hache dans la forêt des abus. Si la France de Napoléon en guerre avec toute l'Europe pouvait s'administrer avec 750 millions, à qui fera-t-on accroire qu'il faille plus du double de cette somme pour administrer la France réduite de 1815 ? L'un des grands malheurs de notre époque et des embarras des gouvernements est, je le sais, la tendance d'une classe de la société vers les emplois publics, son point de mire ; mais cette tendance a pour cause principale l'énormité de l'impôt ; faites cesser la cause et l'effet disparaîtra ; créez surtout un ordre de choses qui ne condamne pas fatalement une partie de la population à vivre aux dépens de la population tout entière.

C'est difficile, dira-t-on ? Eh oui, c'est difficile ; mais, n'est-on gouvernement que pour faire des choses faciles ? N'est-ce pas au contraire pour faire des choses difficiles qu'on appelle ou qu'on doit appeler aux affaires les hommes les plus dévoués et les plus capables ?

La propriété immobilière succombe sous le poids de ses charges, il faut les alléger au plus tôt ; il faut surtout soulager les petites cotes, dût-on grever encore les grandes. L'impôt, pour être juste, doit être proportionnel, et tout le superflu du riche est exigible avant qu'il soit permis de toucher au morceau de pain du pauvre (1).

Les impôts indirects sur les vins sont iniques, impolitiques, vexatoires, immoraux : il faut les supprimer immédiatement et radicalement. Mais comment fera l'Etat ?—Il dépensera moins : la République n'a pas de députés à acheter, pas de corruption à faire; il lui faut moins d'argent qu'à la monarchie. Que si elle en manque cependant, je lui indiquerai deux sources auxquelles elle pourra largement puiser : le luxe, et la propriété mobilière qui ne paye presque rien.

Maintenant, c'est aux contribuables d'aviser, et c'est à ceux de la campagne que je m'adresse plus particulièrement : que le suffrage universel ne soit pas pour eux une arme inutile, qu'ils n'accordent leur confiance et n'envoient à l'Assemblée législative que des hommes franchement et sincèrement dévoués à la défense des intérêts du pauvre. Qu'ils se gardent par-dessus tout de ces noms dont la funeste célébrité, si elle trouvait encore des dupes, nous ramènerait aux mêmes déceptions à l'aide des mêmes jongleries. Quel grand bien nous ont donc fait les princes et leurs séides, les Guizot, les Polignac, tous leurs émules, tous leurs successeurs ? Sommités de robe, d'épée, de finances et d'industrie, ministres, généraux, pairs et députés satisfaits du dernier régime, qui disposiez effrontément de tout sans contrôle, répondez : Est-ce la République qui nous a légué la misère et le désespoir contre lesquels nous nous débattons ? Est-ce pour acquitter ses dettes ou celles de la royauté que nous avons payé ces 45 centimes qu'il eût été plus juste de demander aux riches?

Paysans, mes pairs, croyez-moi, éloignez-vous de ces hommes qui n'ont de titres qu'à votre mépris. On vous les imposait autrefois, il fallait bien les su-

-----

(1) On fait une objection, on dit : « Mais qui est-ce qui est riche ? Si j'ai 100,000 de rentes et que j'en dépense 120 mille, je suis pauvre. » Je ne veux pas répondre à une objection comme celle-là.

bir, mais vous seriez impardonnables aujourd'hui de les nommer vous-mêmes pour vos représentants. Nommez vos amis, vos compagnons, vos égaux, bons agriculteurs, modestes et honnêtes ouvriers, fermiers et militaires intelligents, plutôt que des bavards brevetés, des habits brodés, des millionnaires et des savants qui, sous le nom pompeux d'hommes d'État, dont ils s'affublent, et dans des discours d'apparat, cachent leur égoïsme, leur ambition et leur nullité.

J. SABBATIER.

Paris, le 27 avril 1849.

AUX ÉLECTEURS DU PUY-DE-DOME.

L'invitation que plusieurs d'entre vous veulent bien m'adresser de me présenter aux prochaines élections, me pénètre de reconnaissance autant qu'elle m'honore. Des suffrages aussi éclairés que les vôtres sont assurément de nature à encourager le zèle et à séduire la vanité ; et pourtant, Messieurs, je m'abstiens. Voici mes raisons :

Si, pour avoir l'honneur de vous représenter, il suffisait d'être honnête homme et de connaître vos besoins , peut être pourrions-nous nous entendre. Né parmi les paysans sur le sol de l'Auvergne, je n'ignore aucune des misères de nos montagnes : je les ai éprouvées toutes ; et plus tard , j'ai cherché dans l'étude les causes de ces misères ainsi que les moyens de les faire cesser ou de les amoindrir. — Mais ce n'est pas de cela que l'on tient compte aujourd'hui ; ce sont bien moins des hommes utiles que des *conspirateurs* qu'il faut à la plupart des meneurs électoraux.

Or je ne suis pas de ceux qui tendent leur voile à tous les vents politiques, et qui arborent, suivant les besoins du succès, le drapeau rouge ou le drapeau blanc. Mon drapeau à moi est et sera toujours le drapeau tricolore. Certains de vos commissaires ordinaires et extraordinaires de 1848 l'ont trouvé trop pâle, ceux d'aujourd'hui le trouveraient encore ou trop ou trop peu foncé , et je ne suis disposé ni à le blanchir , ni à le rougir....

En me présentant, l'année dernière, j'avais à cœur
de vous montrer que l'un des premiers à proclamer la
République, je n'étais pas le dernier à la soutenir et à
la défendre. Est-ce là ce que veulent les électeurs et
les candidats *satisfaits* qui relèvent si fièrement la tête
en ce moment ? Non, et ils ne prennent même plus la
peine de dissimuler. Ils sont assez insensés pour rêver
l'*Empire*, assez hypocrites pour attendre de sa chute
qu'ils prévoient et qu'ils annoncent, les uns le retour de
la royauté de 1830, les autres, de la royauté de 1815;
assez coupables tous pour condamner la France à trois
révolutions nouvelles, après lesquelles il faudrait revenir juste au point où nous sommes. La nation sortirait
de ces luttes meurtrie, écrasée, ruinée, démora-
lisée.... Que leur importe? Ces messieurs auraient
conservé ou gagné des places, car leur industrie est de
vivre du budget, comme le sort des paysans, c'est-à-
dire de 28 millions de Français sur 36 millions, est de
le payer, de nourrir et d'engraisser l'intrigue re-
muante, fainéante, insolente, insatiable.

Moi, Messieurs, qui sais ce que coûtent les révolutions et qui aurais hésité, même devant celle de 1848,
s'il eût été en mon pouvoir de la provoquer ou de la
prévenir, je suis l'ennemi déclaré de ces remèdes hé-
roïques qui conduisent les Etats aux portes du tom-
beau, lorsqu'ils ne les sauvent pas. La confiscation de la
révolution de juillet, il est bon qu'on le sache, a coûté
deux milliards au pays; la confiscation de celle de février en coûterait aujourd'hui huit..., et une perte de
huit milliards ne nous aiderait guère à payer, outre
l'impôt, nos cinq milliards de dette publique et nos
treize milliards de dette hypothécaire.

Mais, par cela même que je suis éminemment anti-
révolutionnaire, je me déclare le partisan sincère, ar-
dent du progrès, d'un progrès nécessaire, graduel,
continu. Autant vous m'avez vu combattre avec éner-
gie les rêveries du Communisme et du Socialisme, autant je reconnais que ces folies impraticables sont les
symptômes d'une maladie réelle, sérieuse. profonde,
de notre état social, et qu'il est temps, urgent d'y porter remède, si nous voulons éviter un cataclysme ; qu'il
faut, à tout prix et au plus vite, donner du travail à ces
malheureux ouvriers que l'anglomanie du dernier rè-
gne a accumulés dans nos grandes villes ; qu'il faut

surtout trouver les moyens de retenir dans les campagnes ceux qui seraient tentés de venir, comme eux, chercher dans les cités la misère, l'esprit de désordre , la dépravation.

Pour qui sait observer et réfléchir , il est hors de doute que le monde ancien disparaît pièce à pièce , et qu'un monde nouveau , inconnu, s'avance, inoffensif peut-être, si nous savons l'accepter et le diriger ; menaçant, si nous nous obstinons à le repousser.

Par un malheur inouï, la religion , la famille , la propriété , ces trois grands pivots sur lesquels tournait l'ancien ordre social, sont aujourd'hui profondément ébranlés. Le sentiment religieux, tant qu'il ne sera pas raffermi, ne saurait seul servir de base à la société. Le droit divin..., personne plus n'y croit, et ce n'est pas ce dont je me plains ; la forme constitutionnelle...., elle est également devenue impraticable dans un pays où aucune aristocratie n'est désormais possible, pas même celle de la fortune territoriale, qui va tous les jours s'amoindrissant sous l'action du Code civil, cet inexorable révolutionnaire de notre époque. — Et des hommes se trouvent qui espèrent nous ramener à 1814, à 1830, peut-être à 1788!

Messieurs, au nom de la société menacée et de l'ordre en péril , combattez ces idées rétrogrades, faites comprendre aux riches propriétaires qu'avant 15 ou 18 ans, les partages et surtout les majorités précoces auxquelles il suffit de quelques années pour détruire les économies de plusieurs siècles , auront réduit la plupart des grandes fortunes à l'état de fortunes moyennes ; que les fortunes moyennes, dévorées par l'hypothèque, seront tombées à l'état de petite propriété , et que tous les petits propriétaires , c'est-à-dire les quatre cinquièmes de la nation , se verront réduits à labourer eux-mêmes leurs champs , sous peine de mourir de faim. Ajoutez à ces causes de nivellement les mutations de la propriété foncière qui, portant tous les ans sur un capital d'un milliard 500 millions, en auront déplacé les trois-quarts dans vingt ans , et demandez-vous comment on s'y prendra pour fonder un gouvernement durable sur une base devenue presque aussi mobile que l'argent qui la représente! Vous parlera-t-on de la puissance de la famille? Mais le sort de la famille est intimement lié à celui de la propriété; mais

la division, l'instabilité de l'une , entraîne la division,
l'instabilité de l'autre ; mais presque toutes les familles
sont destinées à descendre au rang de celles de nos
campagnes, à perdre, par conséquent, toute puissance
personnelle dans l'Etat, à n'être plus qu'un instrument
passif sous le fer d'un sabre... si elles ne savent, ce
qu'elles sauront, j'espère,...rester ou devenir républi-
caines, intelligentes, sages, modérées toujours.

Quand, en présence d'un avenir si gros d'orages ,
je vois mes concitoyens agiter ces grandes ques-
tions : lequel vaut mieux d'un Empereur ou d'un
Président : d'un Empereur ou d'un Roi ; d'un Bo-
naparte ou d'un Bourbon ; d'un Bourbon-blanc ou
d'un Bourbon-tricolore ; de M. Thiers ou de M. Bar-
rot ; de M. Molé ou de M. Berryer, Messieurs, je me
rappelle avec effroi ces malheureux Grecs de Constan-
tinople qui , à propos de théolog e, se battaient entre
eux sur les places publiques et dans les rues, pendant
que le canon des Turcs foudroyait leurs remparts dé-
serts.—Tant que le vent de l'intrigue et de la folie cen-
tinuera de souffler ainsi de tous les points de l'horizon ,
je ne verrai, pour les hommes sérieux, qu'une chose à
faire : *attendre* , et c'est, quant à présent, le seul parti
auquel je puisse m'arrêter.

Mais le jour où nos pauvres paysans comprendront
enfin qu'on les abuse ; qu'ils auraient tort de se laisser
enlever par surprise la part de souveraineté que nous
leur avons donnée ; qu'il est toujours plus sûr de faire
ses affaires que de recourir à des intermédiaires ; que
le meilleur gouvernement pour eux est celui qui leur
coûte le moins cher ; que tout candidat qui se présente à leurs suffrages sans profession de foi , sans
drapeau , est . par cela seul, suspect de mauvaises
intentions ; que la représentation est établie non pour
le représentant mais pour le représenté ; le jour où ,
plus éclairés , ils seront résolus à vouloir que la
propriété mobilière, qui ne paye presque rien, soit
équitablement imposée pour dégrever la propriété
foncière écrasée au delà de toute limite ; que l'u-
sure soit poursuivie comme l'un des plus grands
fléaux de nos campagnes, que l'impôt immoral des boissons, qui condamne dans le Puy-de-Dôme cent mille
vignerons à mourir de faim, et qui prive 500 mille ci-
toyens d'un aliment indispensab'e, soit immédiatement

non diminué, mais supprimé ; le jour où, après une nouvelle et fatale expérience peut-être, les imprudents qui conspirent aujourd'hui auront enfin reconnu que la République seule peut les sauver, eh bien ! Messieurs, ce jour-là, alors qu'il y aura, je le crains trop, de grands désastres à réparer, des vengeances terribles à désarmer, si mon faible concours, si ma vie même peut être utile, je n'attendrai pas seulement vos suffrages dans ma retraite, je viendrai dans nos montagnes vous les demander.

Recevez, je vous prie, Messieurs, avec mes remerciments et mes excuses, les assurances de mon inaltérable dévouement.

J. SABBATIER.

Paris, le 21 avril 1849.

Riom, imp. de E. Leboyer.